ESTE LIBRO PERTENECE A:

TRAZA LAS LÍNEAS

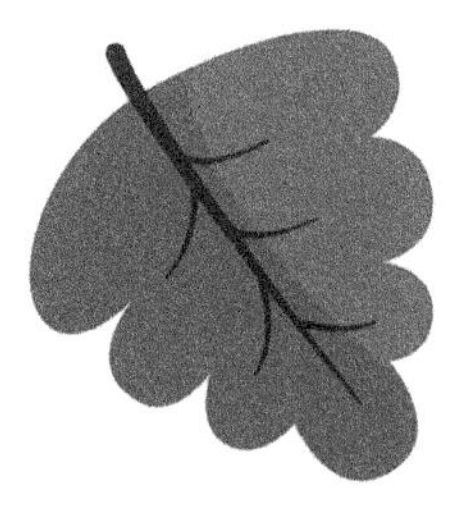

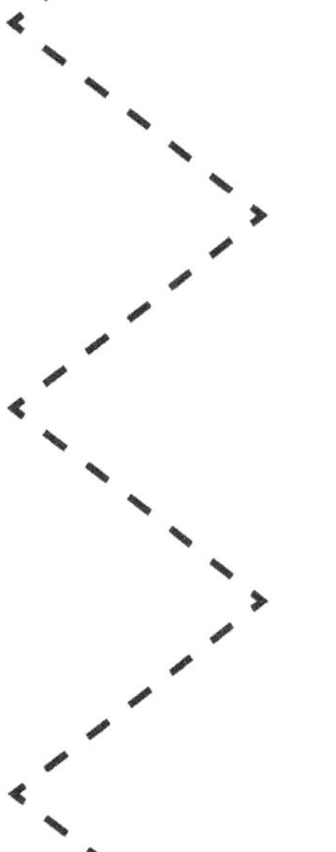
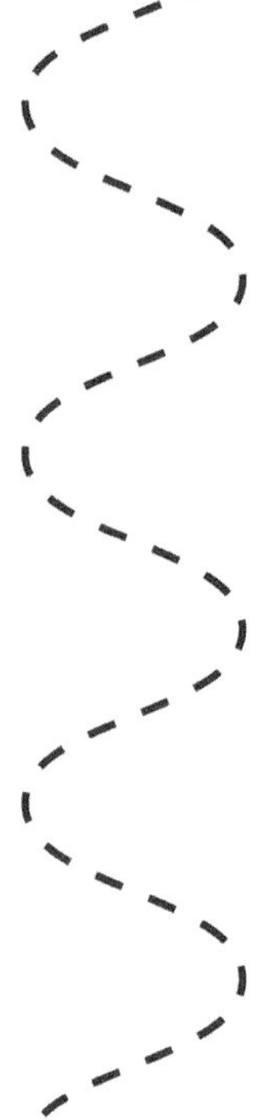
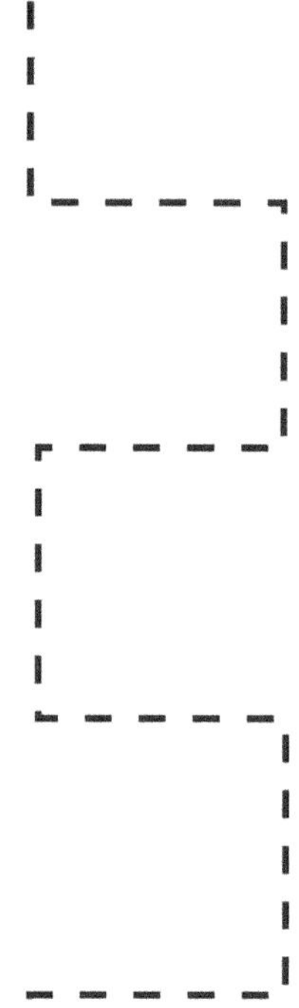

TRAZA LAS LÍNEAS

TRAZA LA LETRA

A

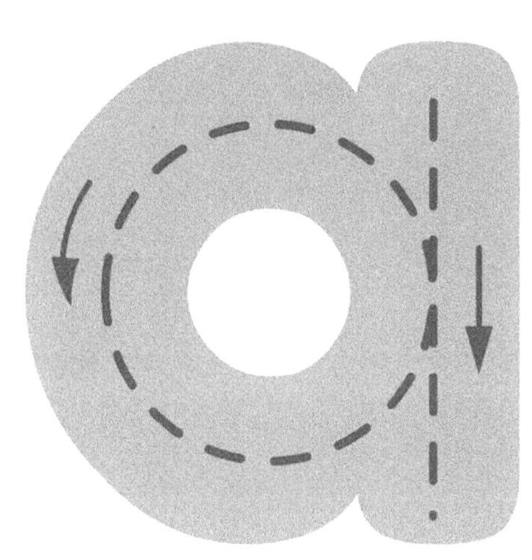

TRAZA LA LETRA

TRAZA LAS LÍNEAS

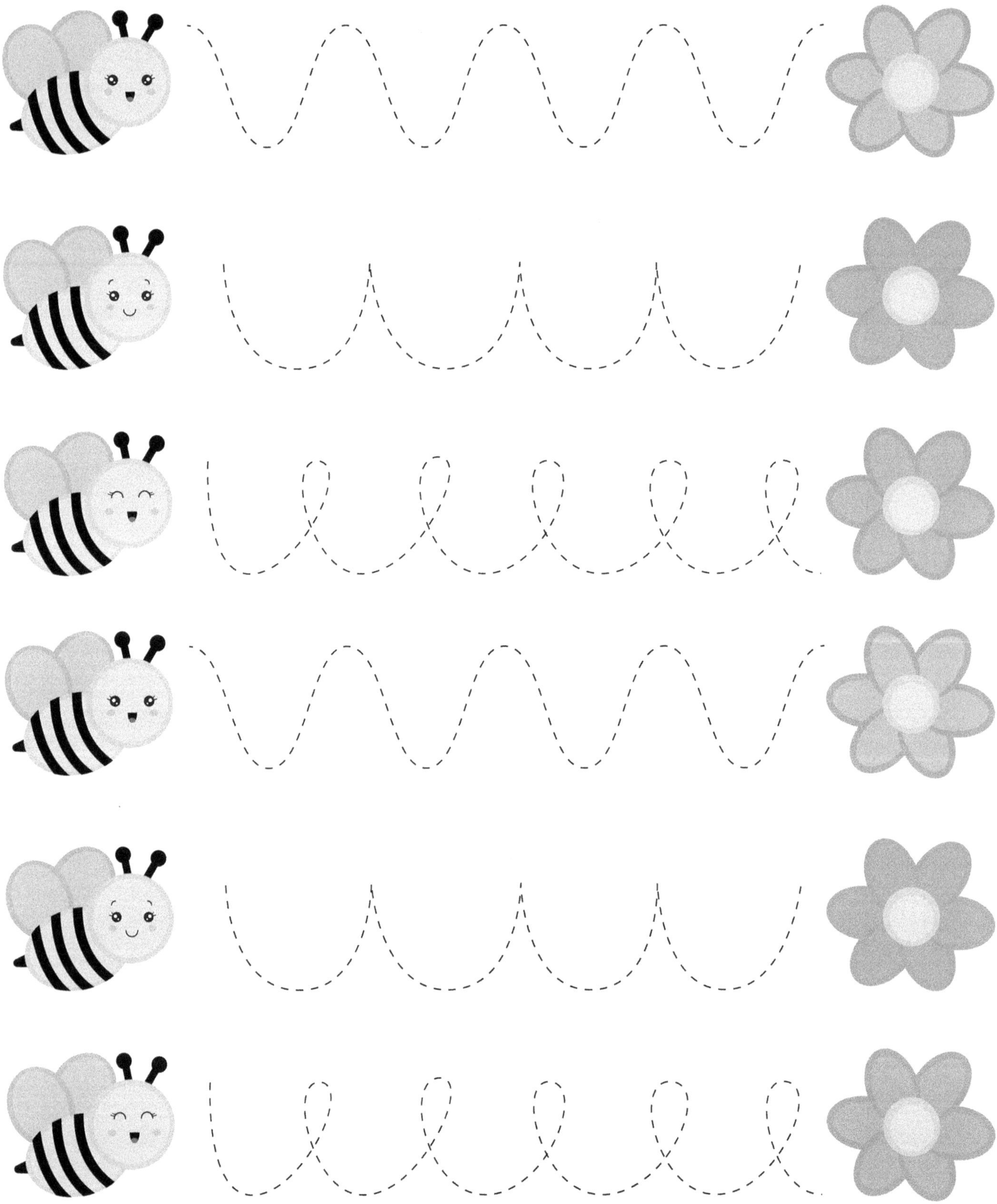

abeja

TRAZA LA LETRA

TRAZA LA LETRA

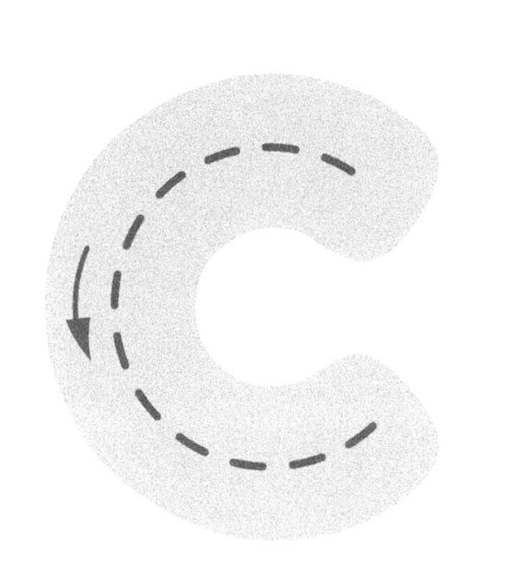

TRAZA LA LETRA

TRAZA LA LETRA

TRAZA LA LETRA

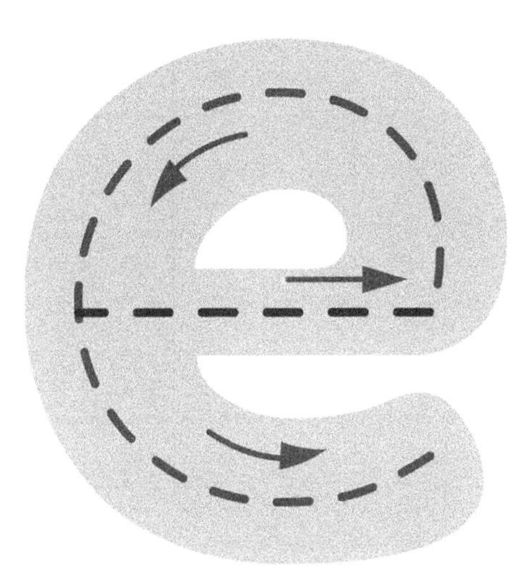

TRAZA LAS LÍNEAS

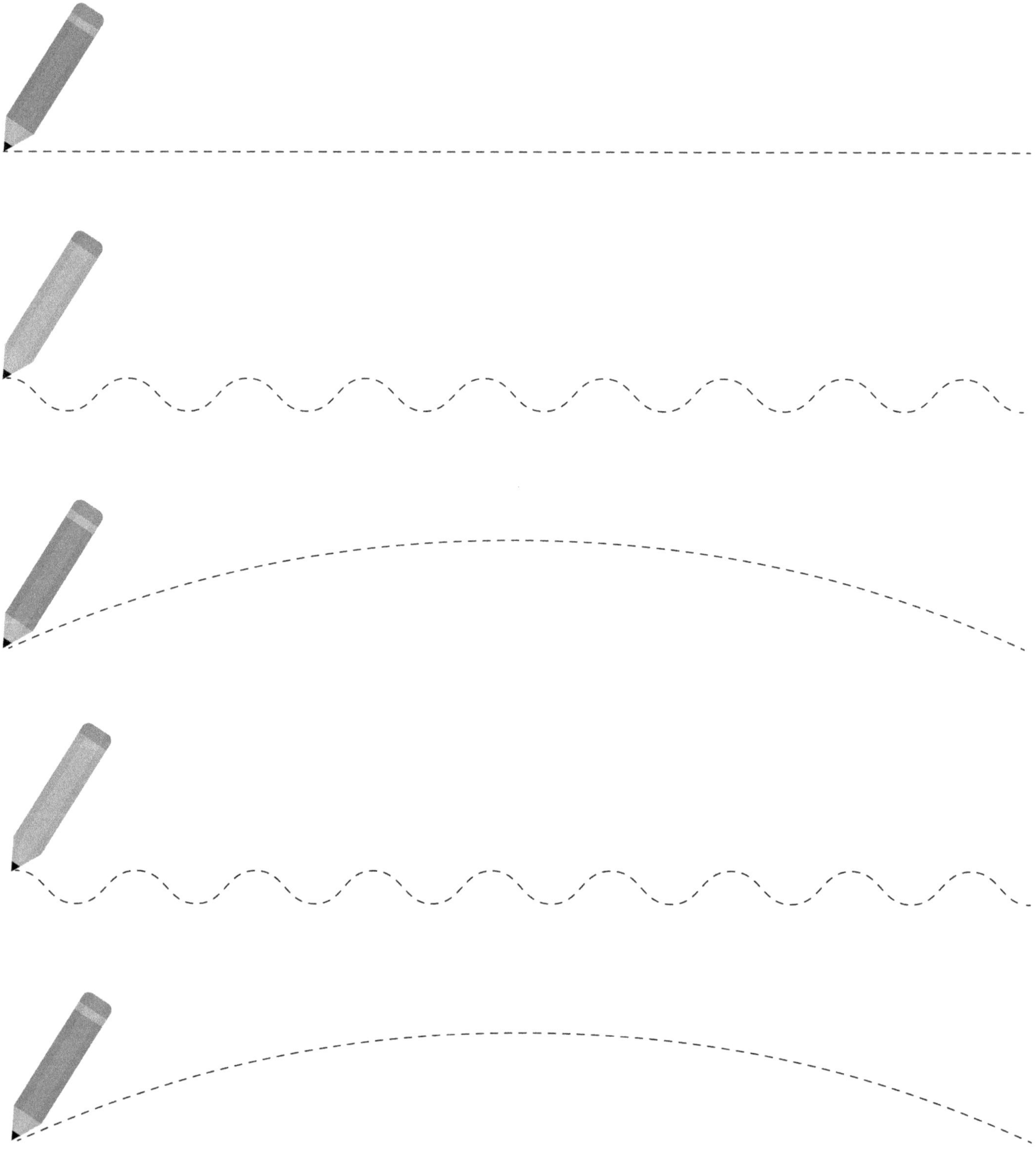

# TRAZA LAS LÍNEAS

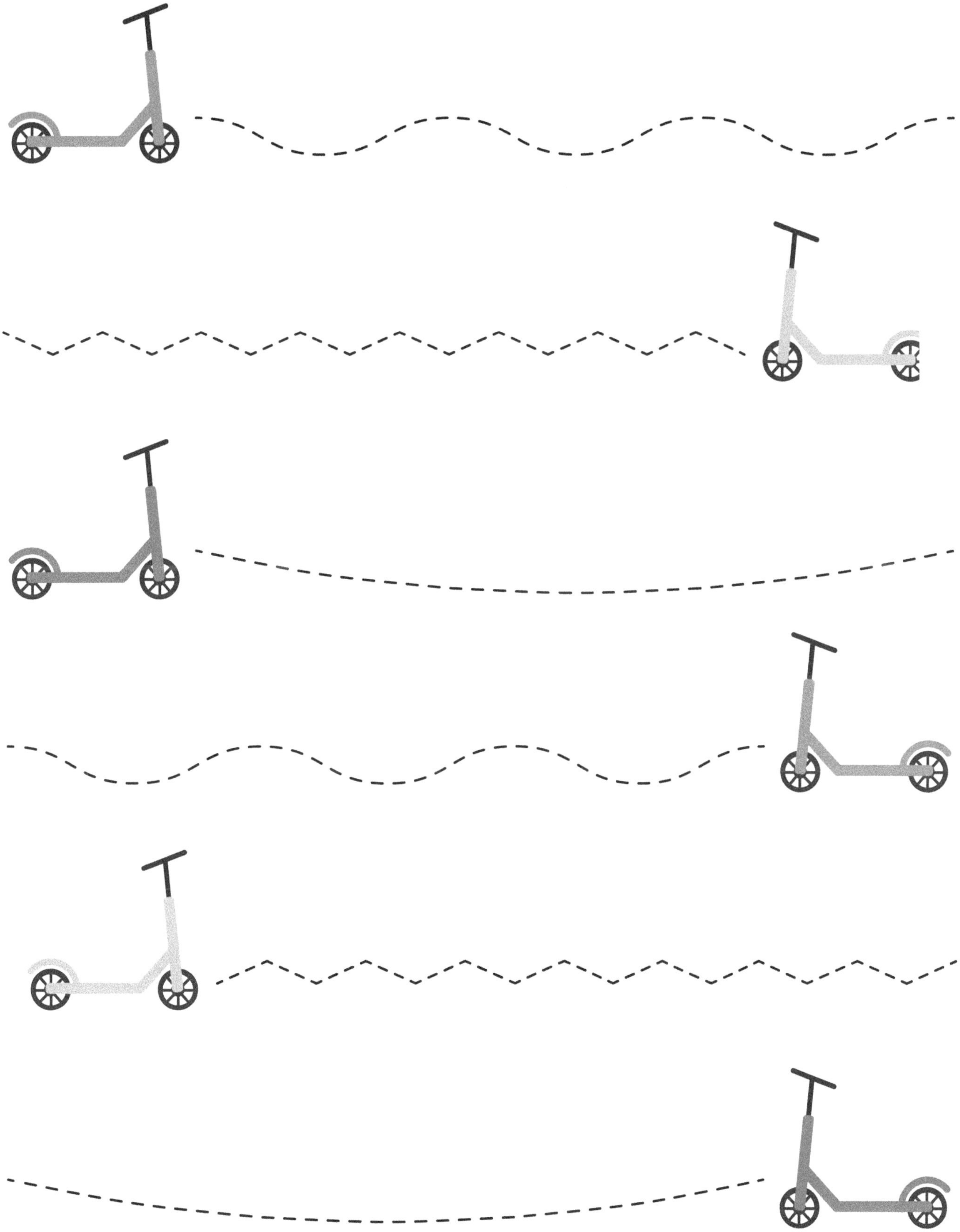

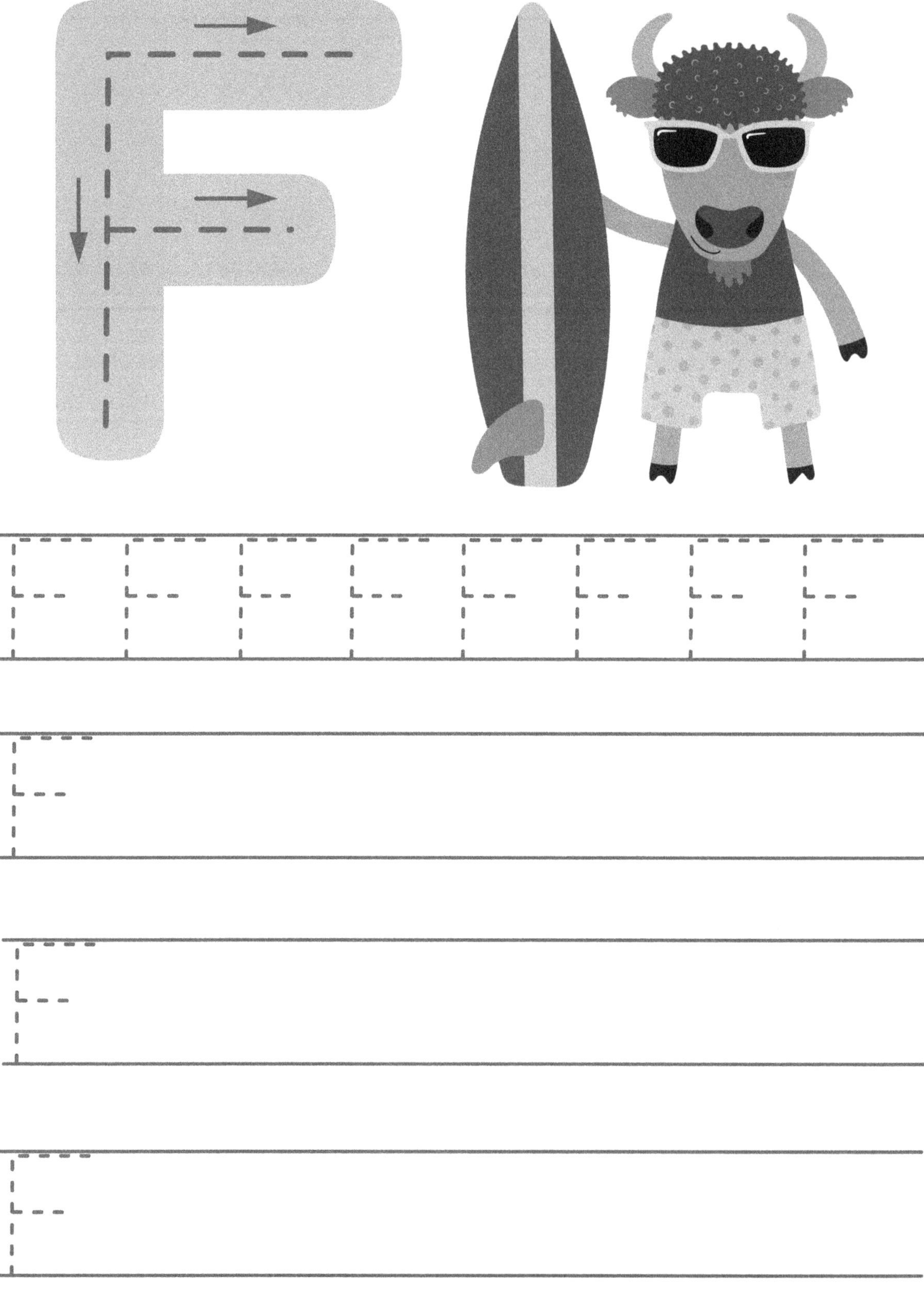

TRAZA LA LETRA

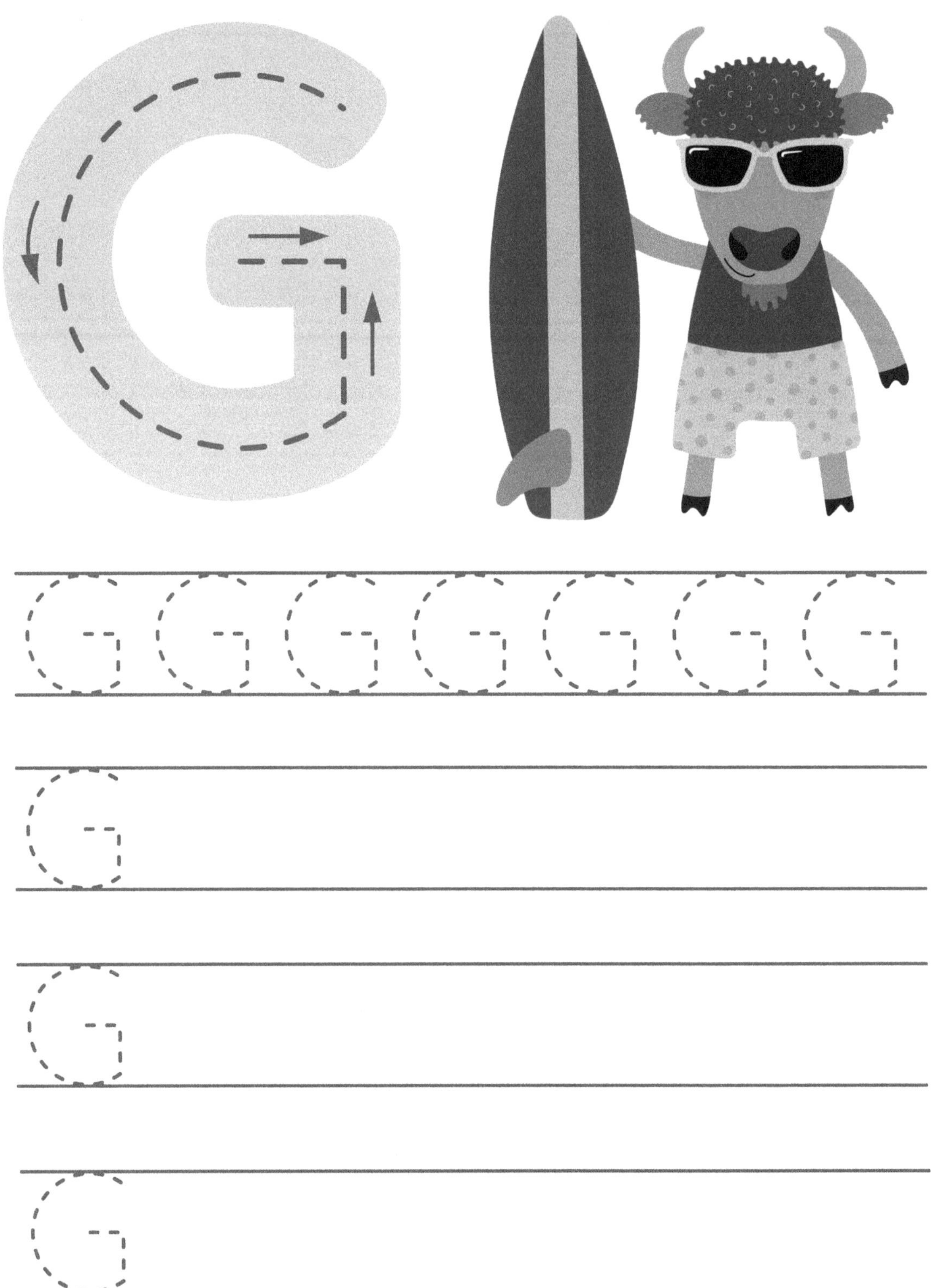

TRAZA LA LETRA

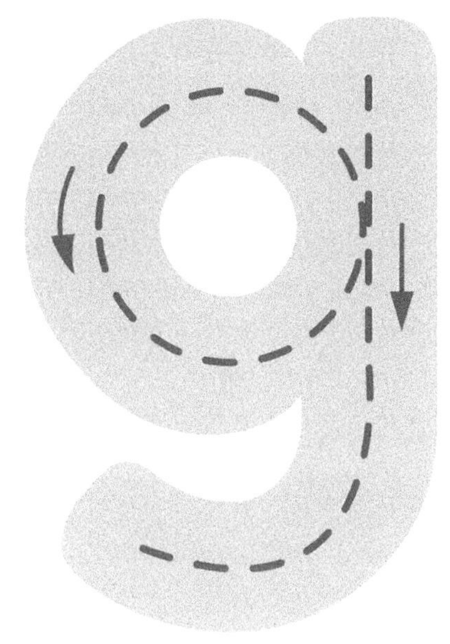

TRAZA Y COLOREA

dinosaurio

TRAZA LA LETRA

TRAZA LA LETRA

TRAZA LA LETRA

TRAZA LA LETRA

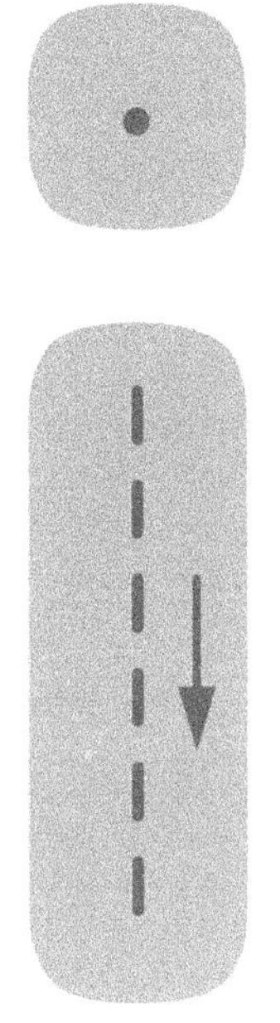

TRAZA LA LETRA

TRAZA LA LETRA

TRAZA LAS LÍNEAS

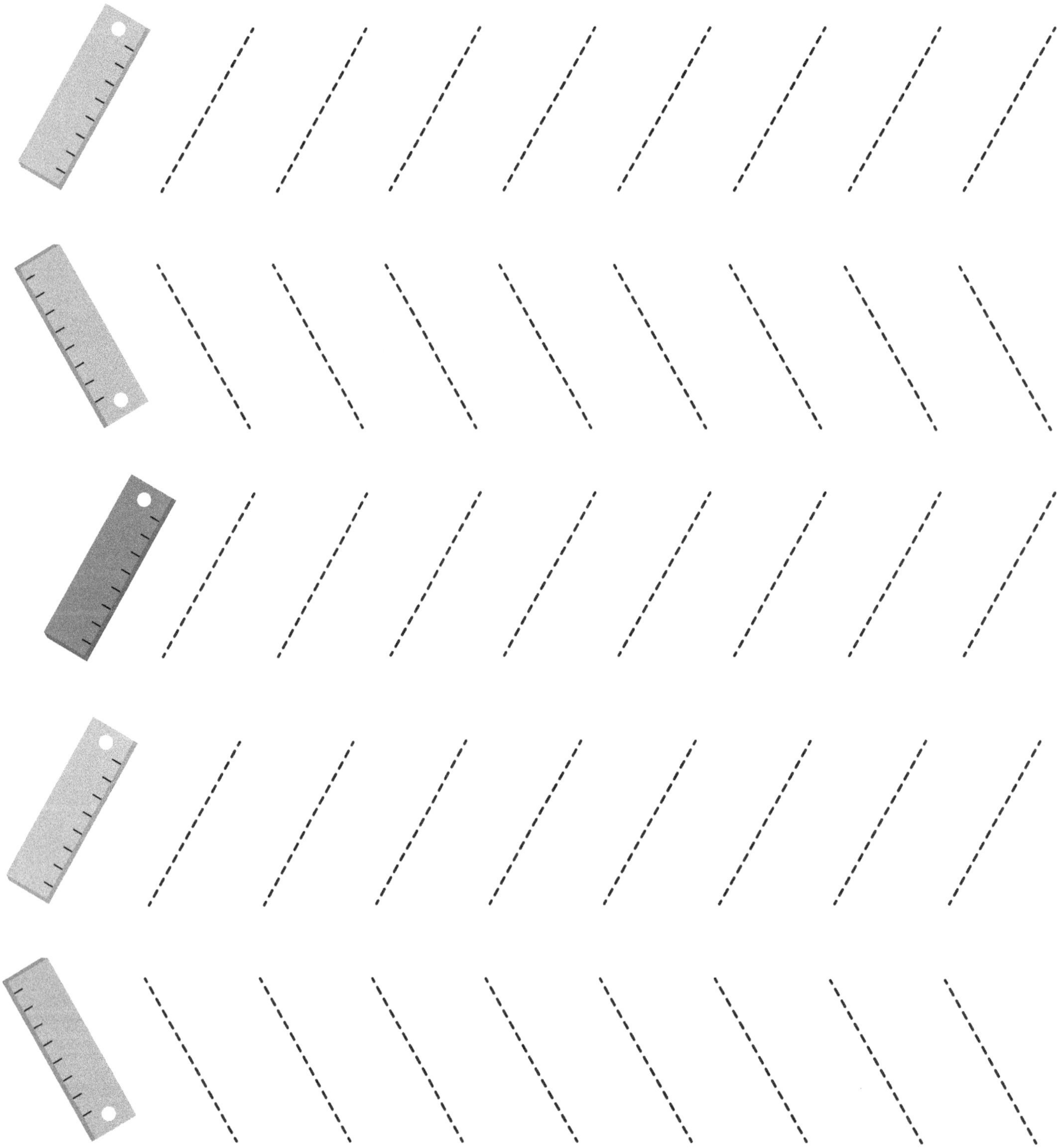

TRAZA LOS CORAZONES

TRAZA LA LETRA

K

TRAZA LA LETRA

TRAZA LA LETRA

TRAZA LA LETRA

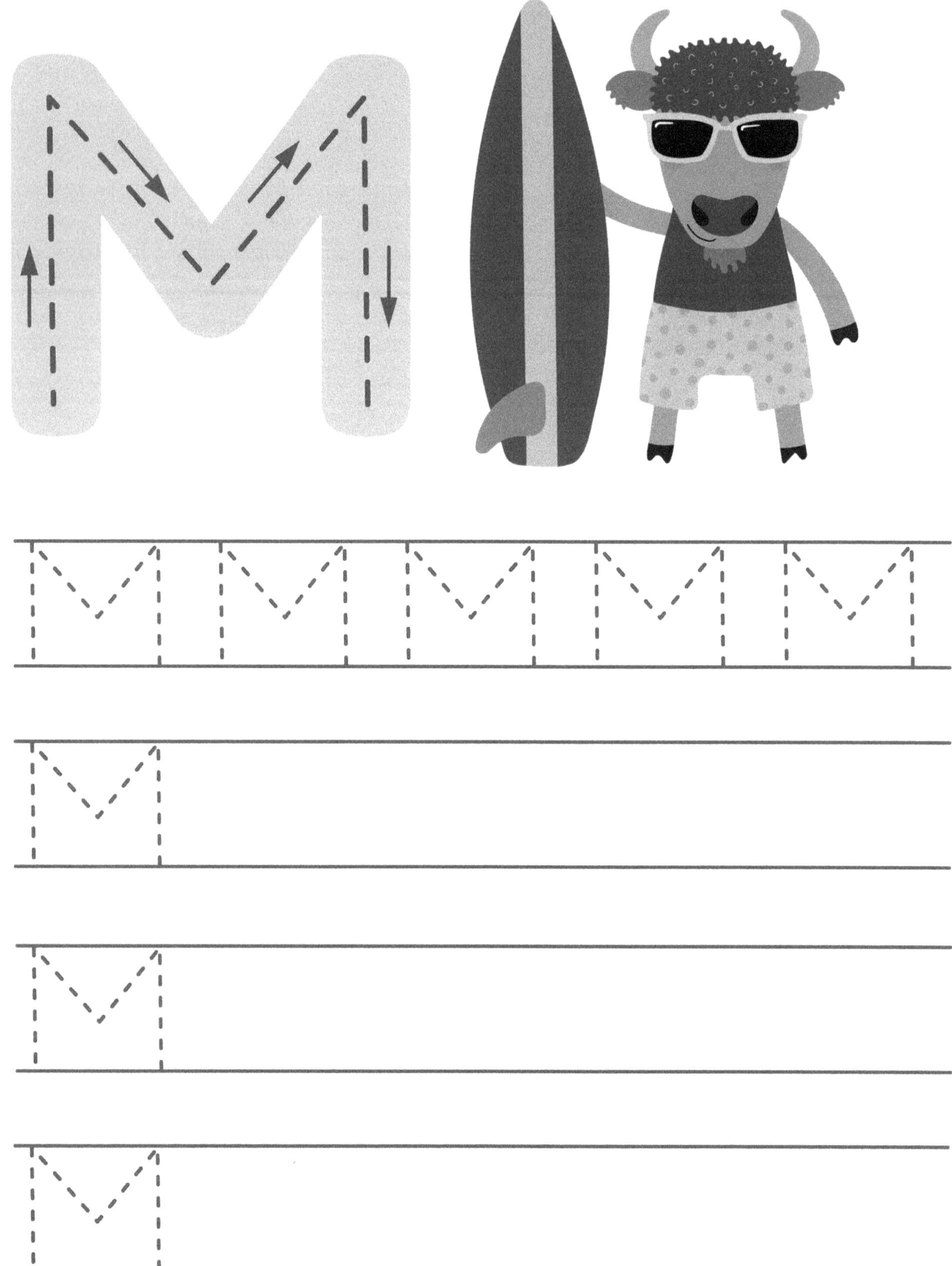

TRAZA LA LETRA

TRAZA LA LETRA

TRAZA LA LETRA

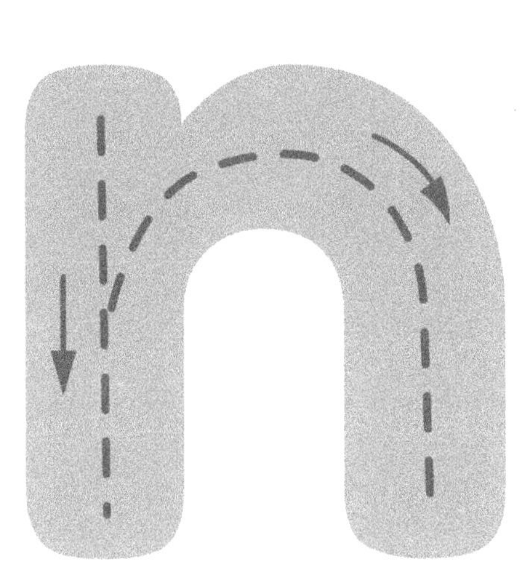 

TRAZA LAS LÍNEAS

TRAZA LAS LÍNEAS

TRAZA LA LETRA

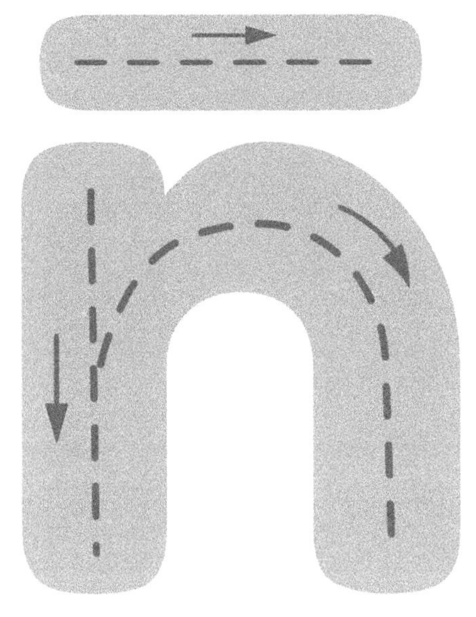

TRAZA LA LETRA

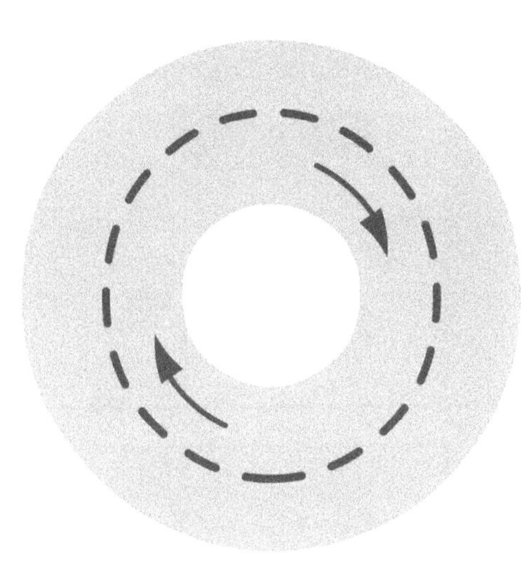 

TRAZA LA LETRA

TRAZA LAS LÍNEAS

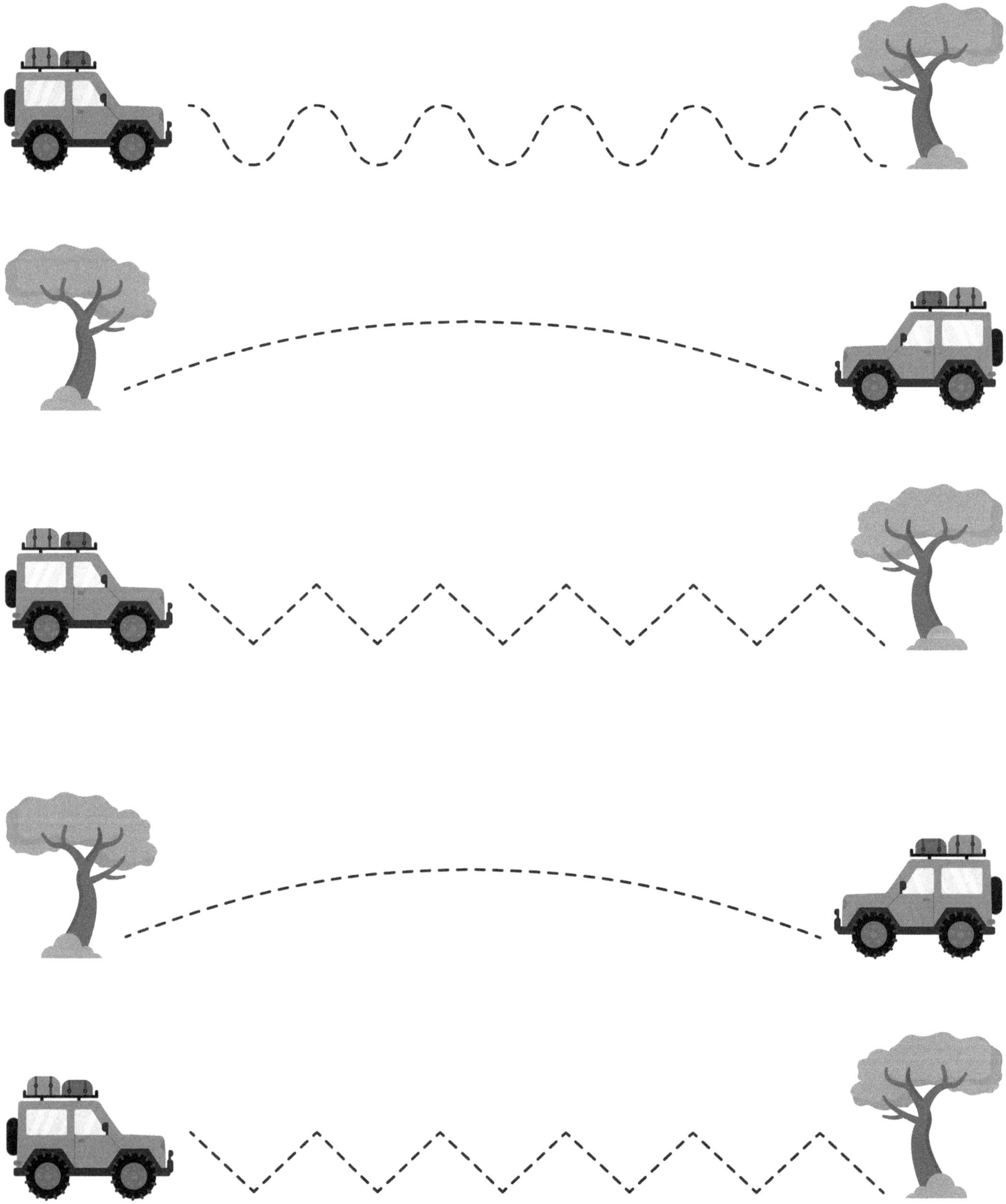

TRAZA Y COLOREA

gato

TRAZA LA LETRA

TRAZA LA LETRA

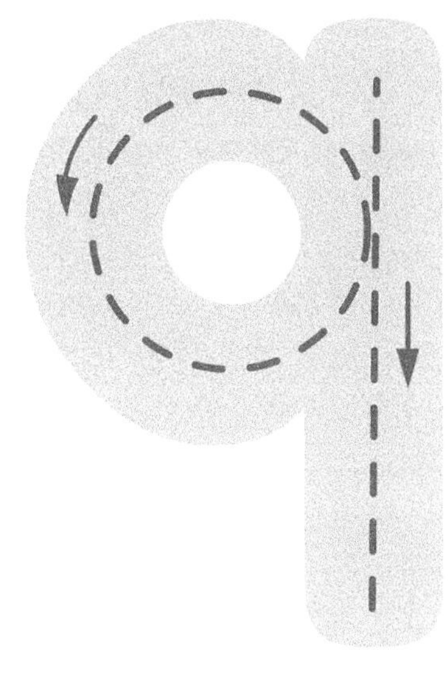

TRAZA LA LETRA

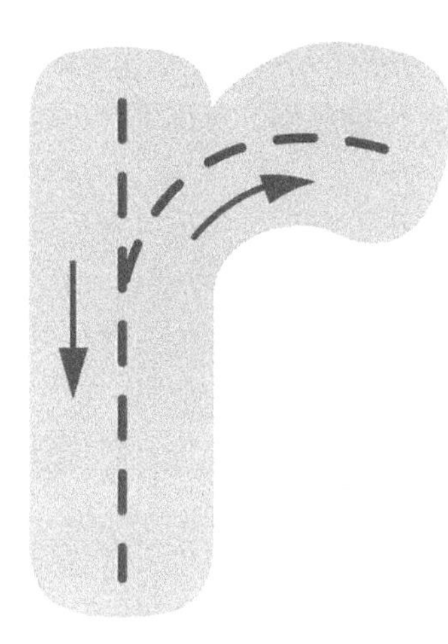

TRAZA LA LETRA

S S S S S S S S

S

S

S

TRAZA LA LETRA

TRAZA LA LETRA

TRAZA LAS LÍNEAS

TRAZA LAS LÍNEAS

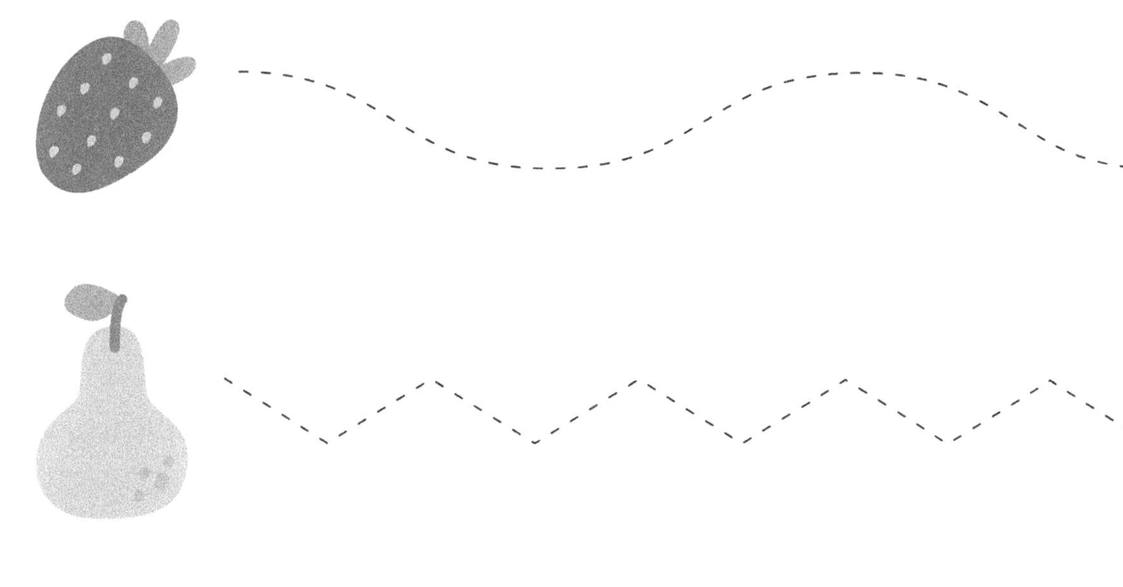

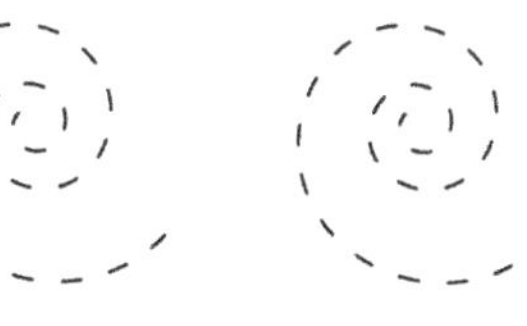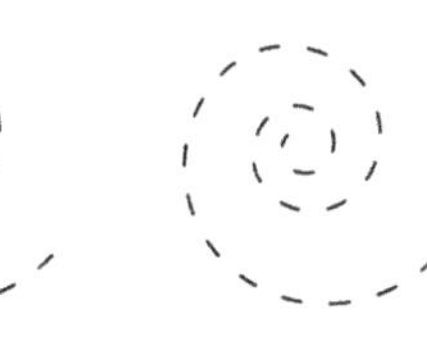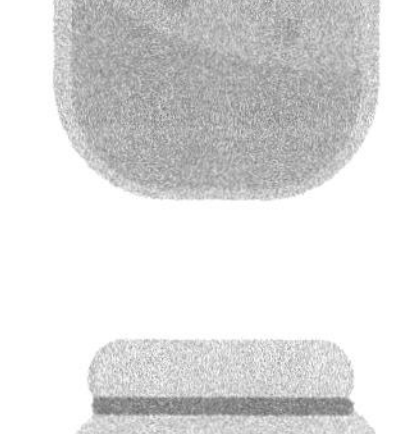

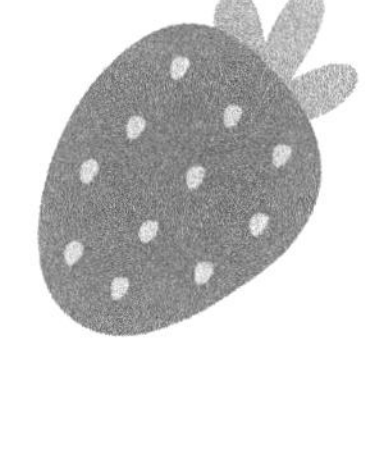

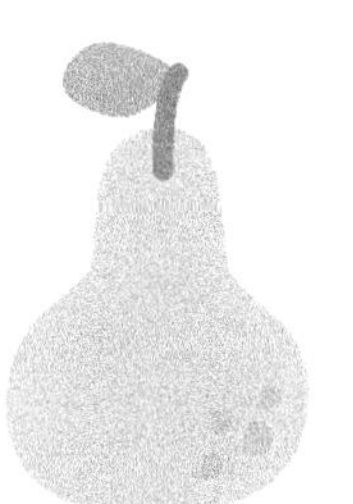

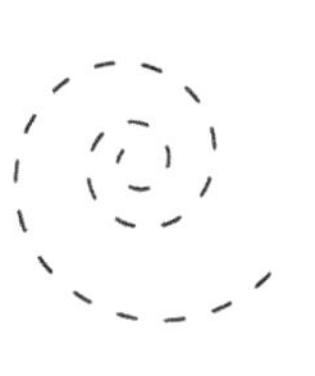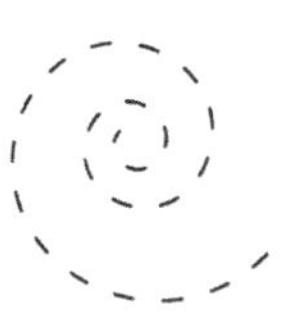

TRAZA LA LETRA

TRAZA LA LETRA

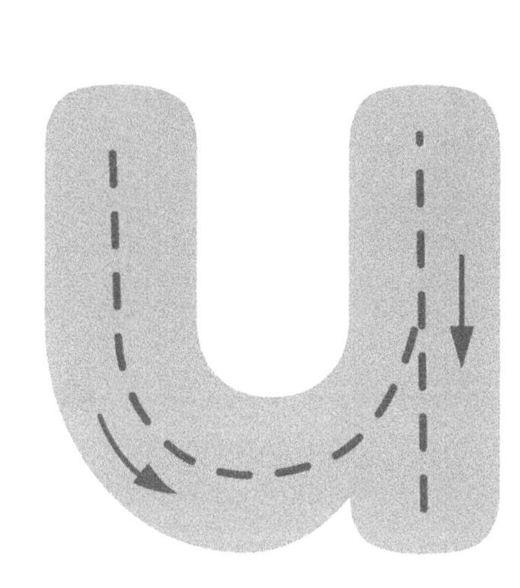

TRAZA LA LETRA

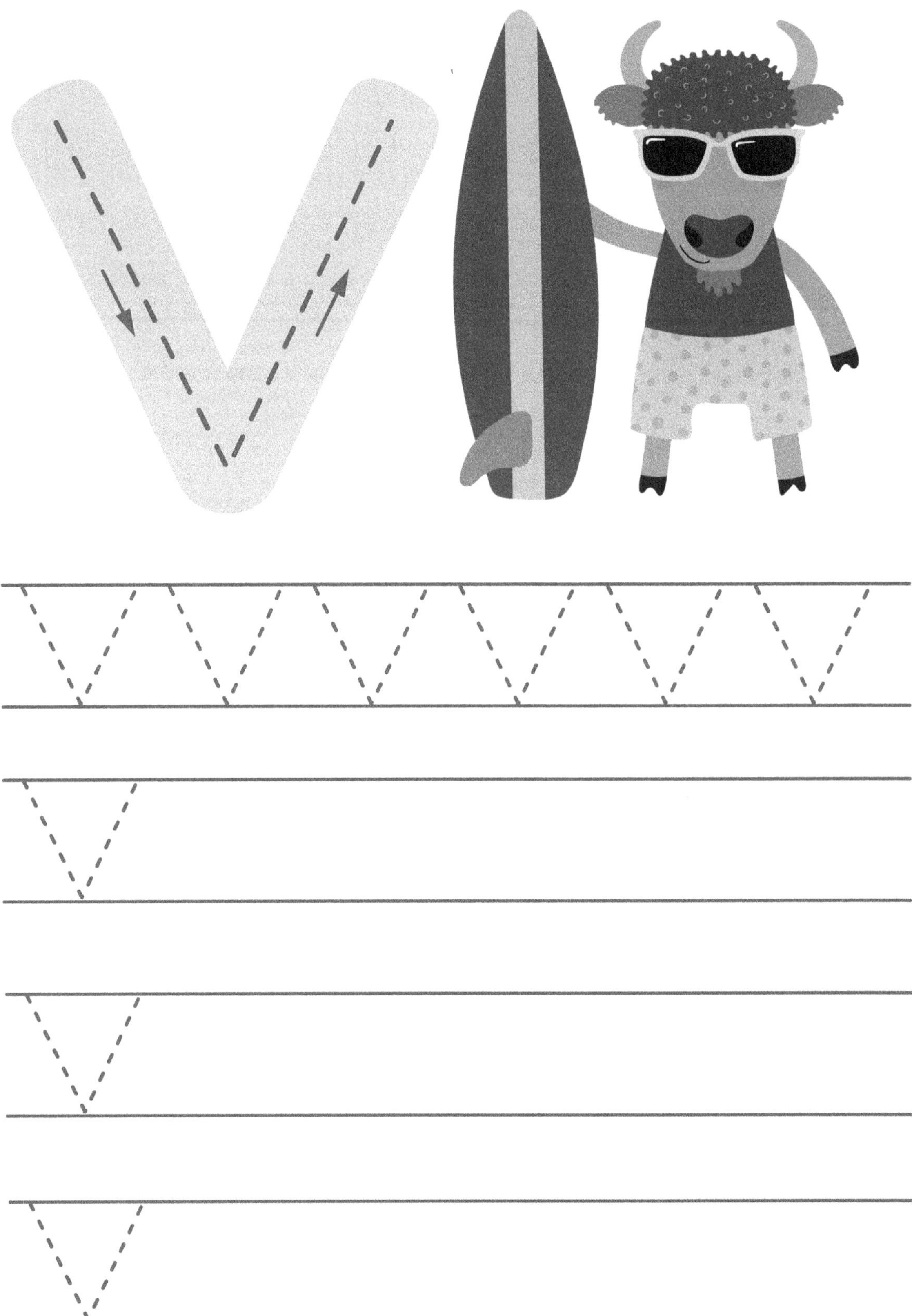

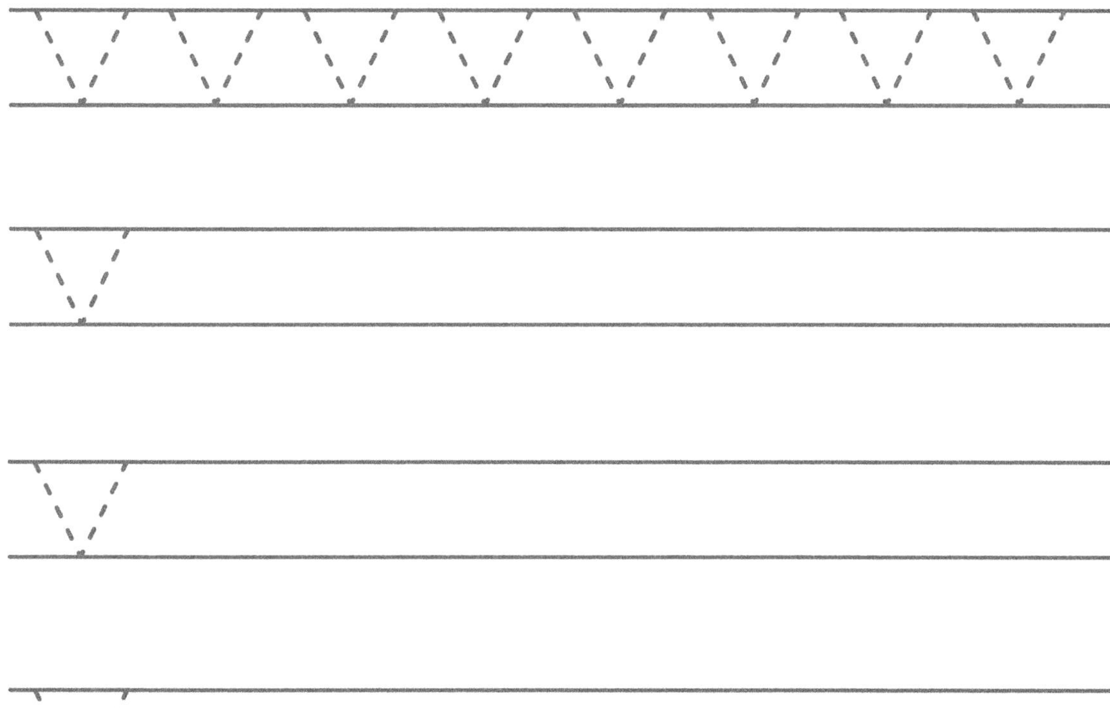

TRAZA LA LETRA

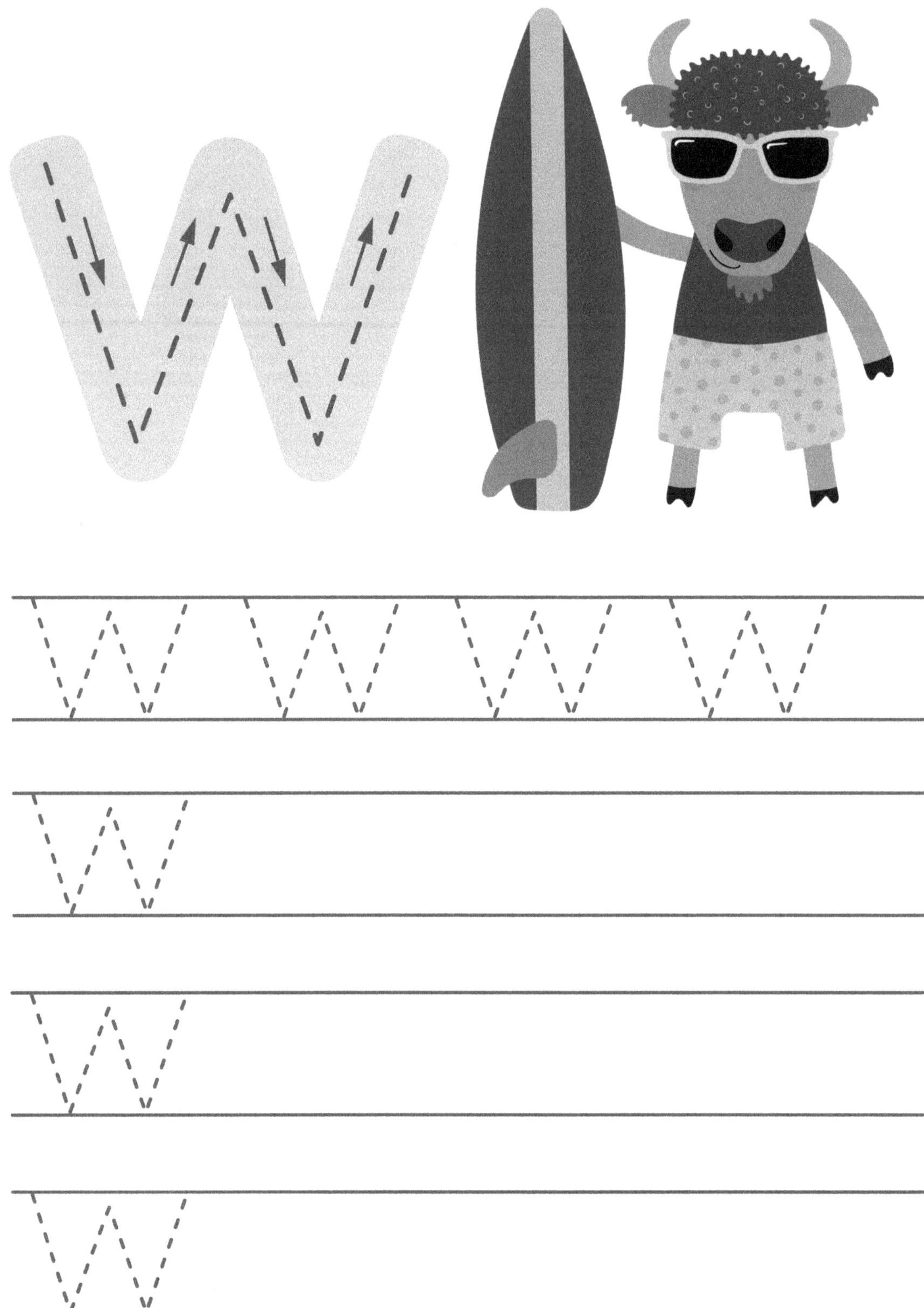

TRAZA LA LETRA

TRAZA LA LETRA

TRAZA LA LETRA

TRAZA LAS LÍNEAS

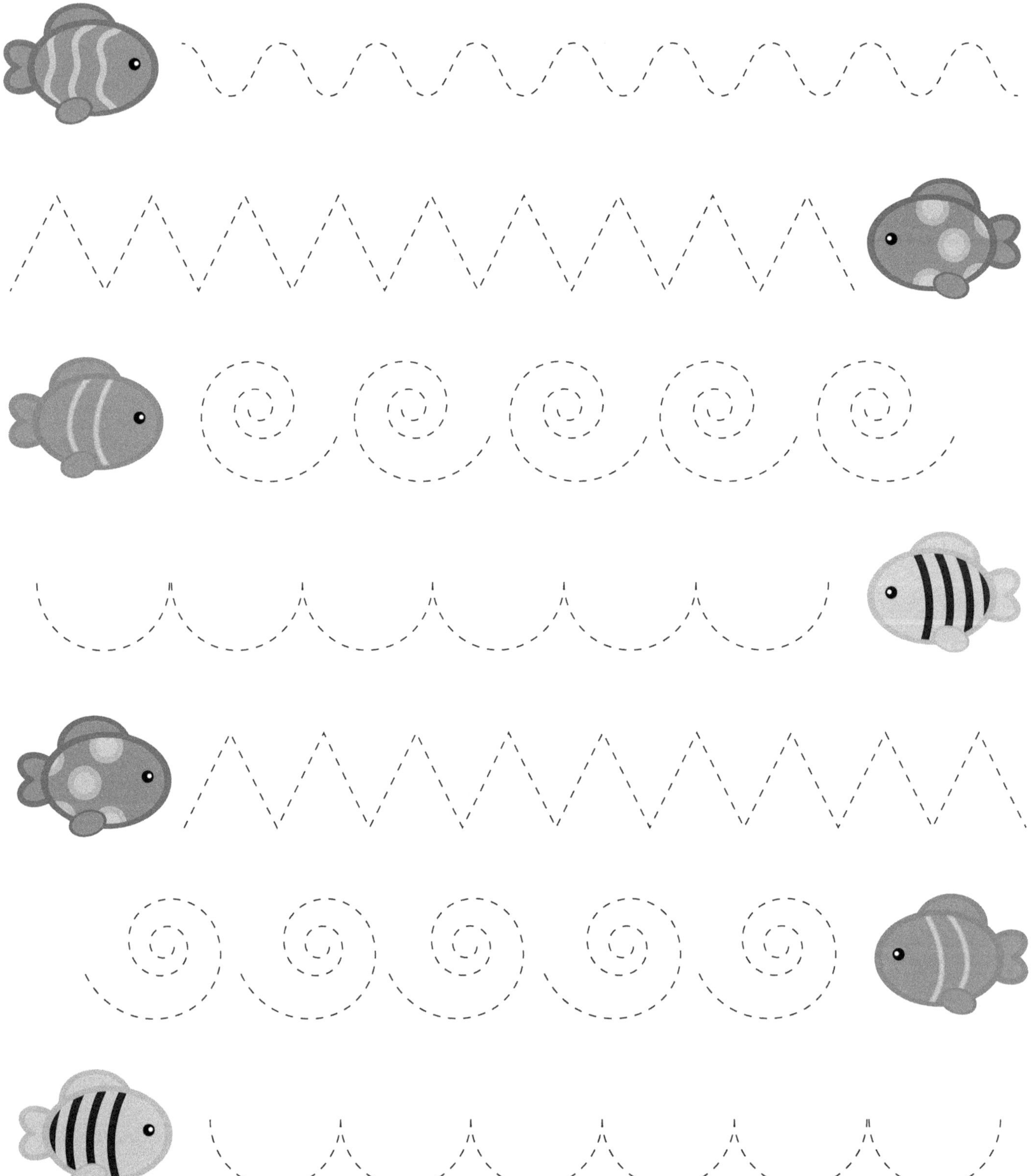

perro

TRAZA LA LETRA

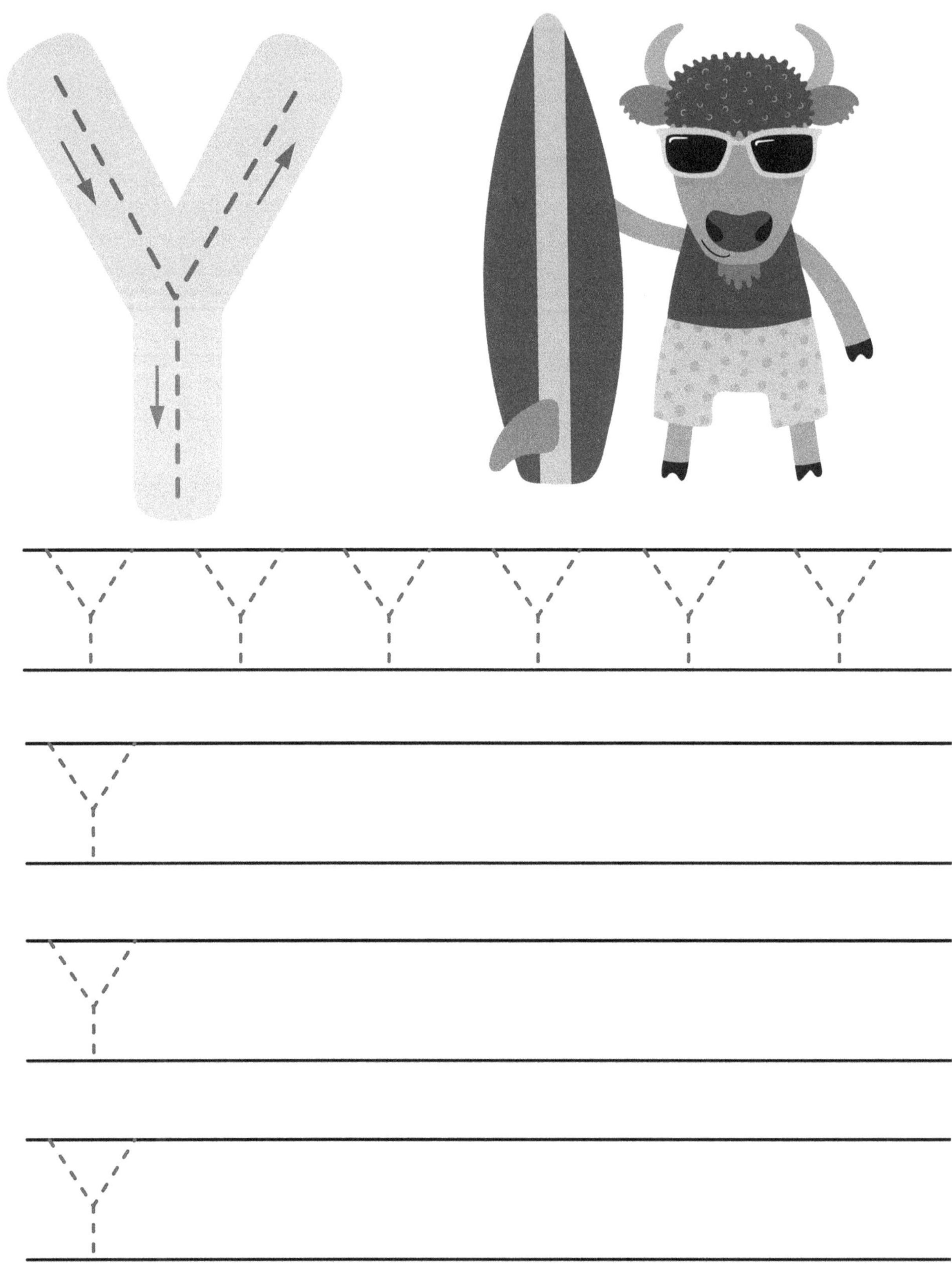

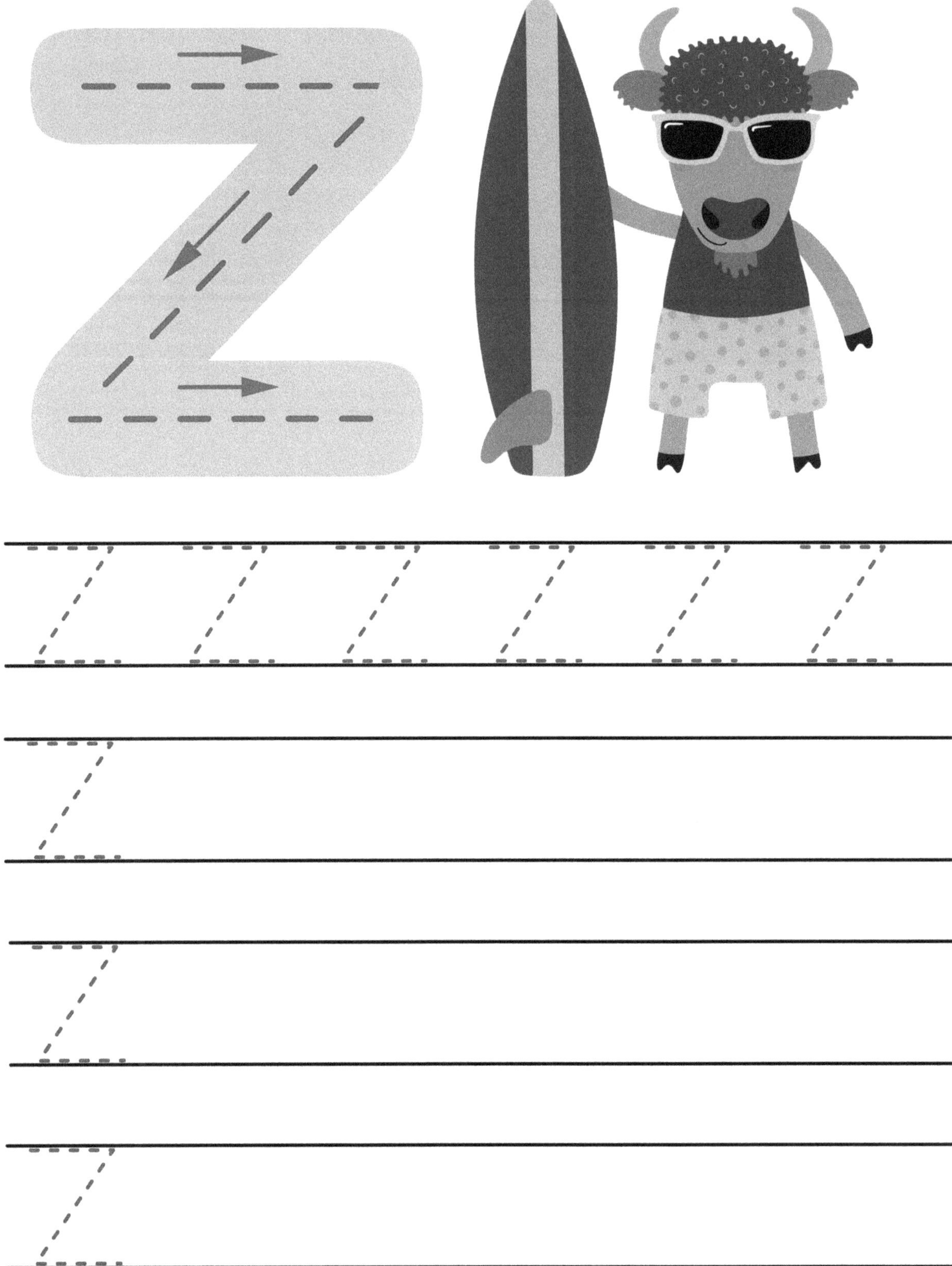

1

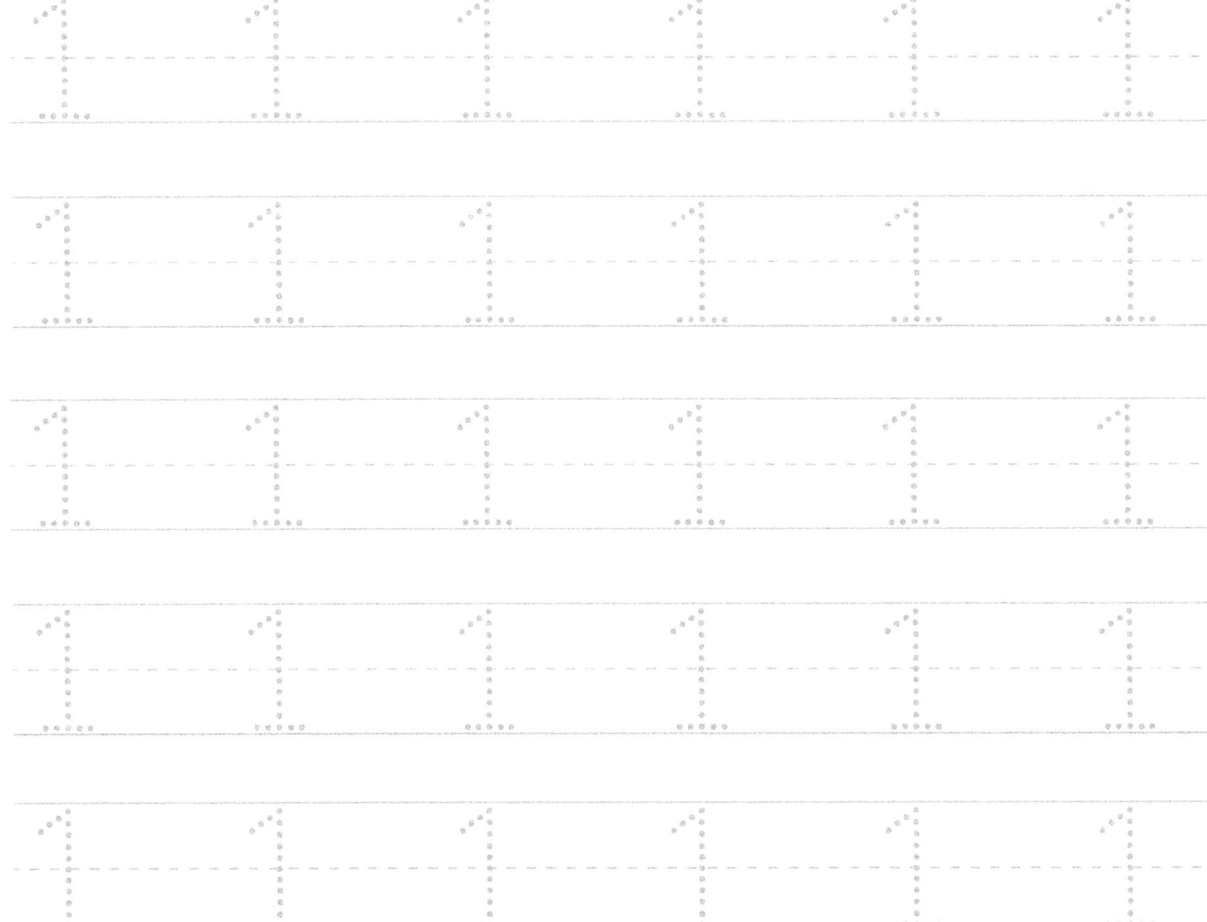

2

TRAZA LAS LÍNEAS

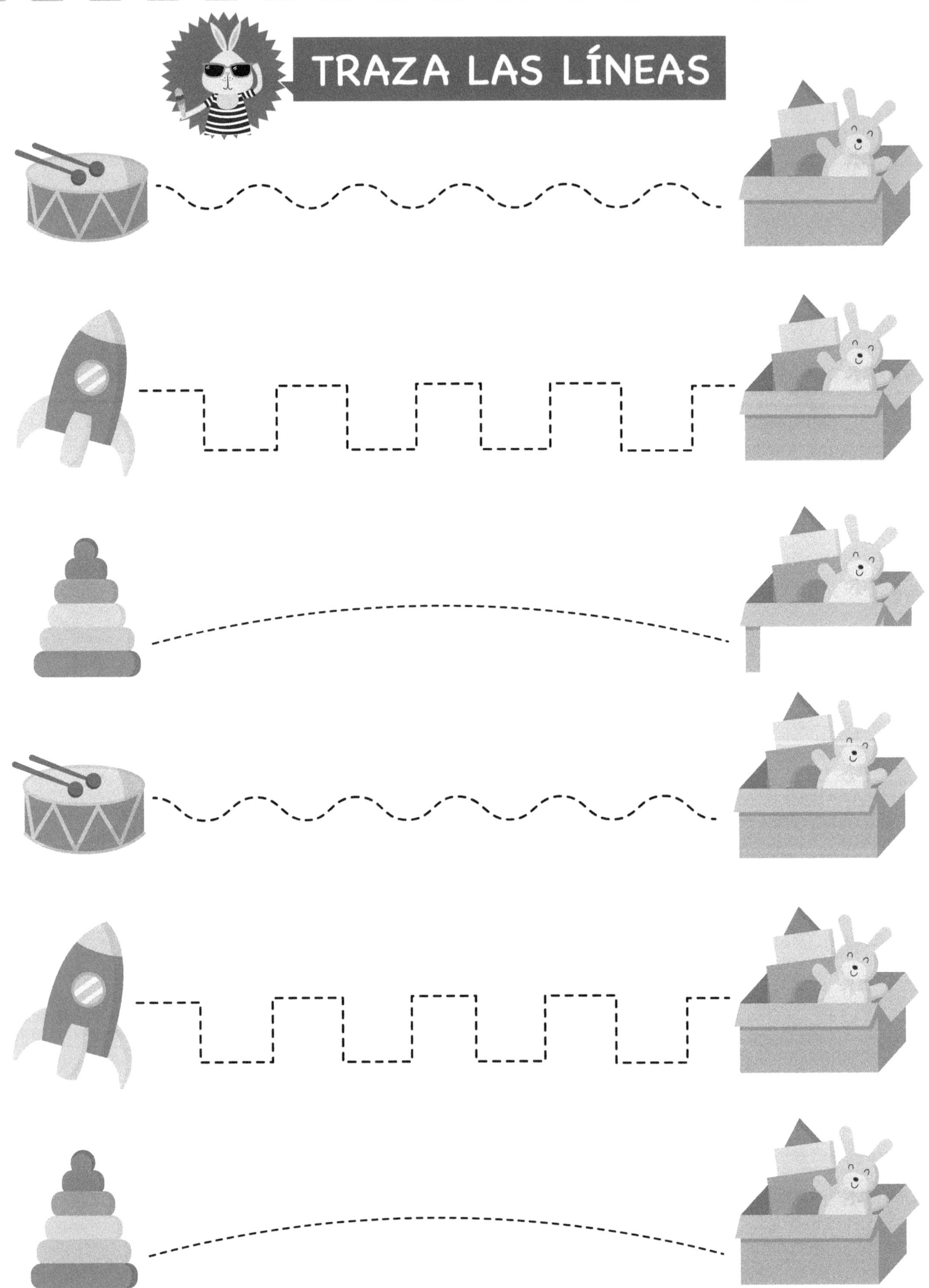

TRAZA LAS LÍNEAS

3

3 3 3 3 3 3

3 3 3 3 3 3

3 3 3 3 3 3

3 3 3 3 3 3

3 3 3 3 3 3

4

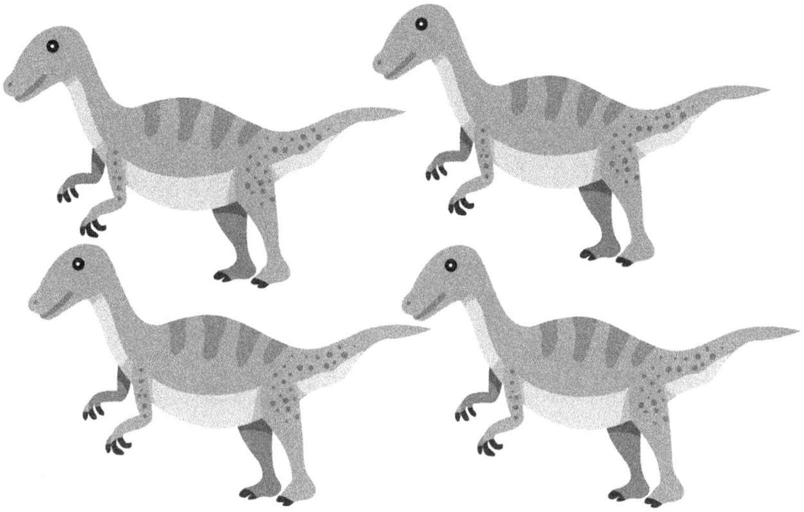

TRAZA LAS NUBES

tiburón

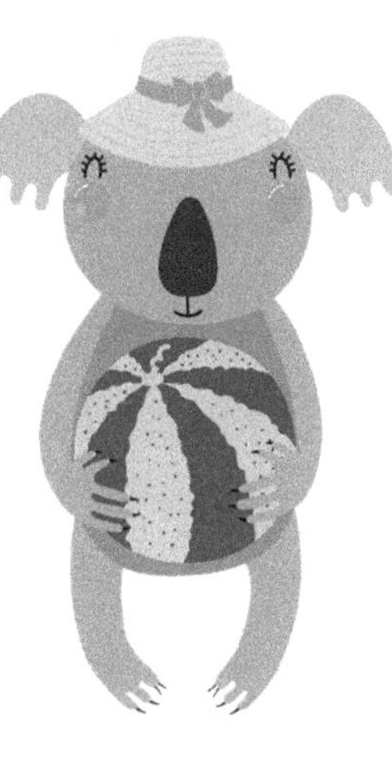

5

6

7

8

TRAZA LAS LÍNEAS

TRAZA Y COLOREA

vaca

TRAZA LOS NÚMEROS

9

9 9 9 9 9 9

9 9 9 9 9 9

9 9 9 9 9 9

9 9 9 9 9 9

9 9 9 9 9 9

10

TRAZA LOS HELADOS

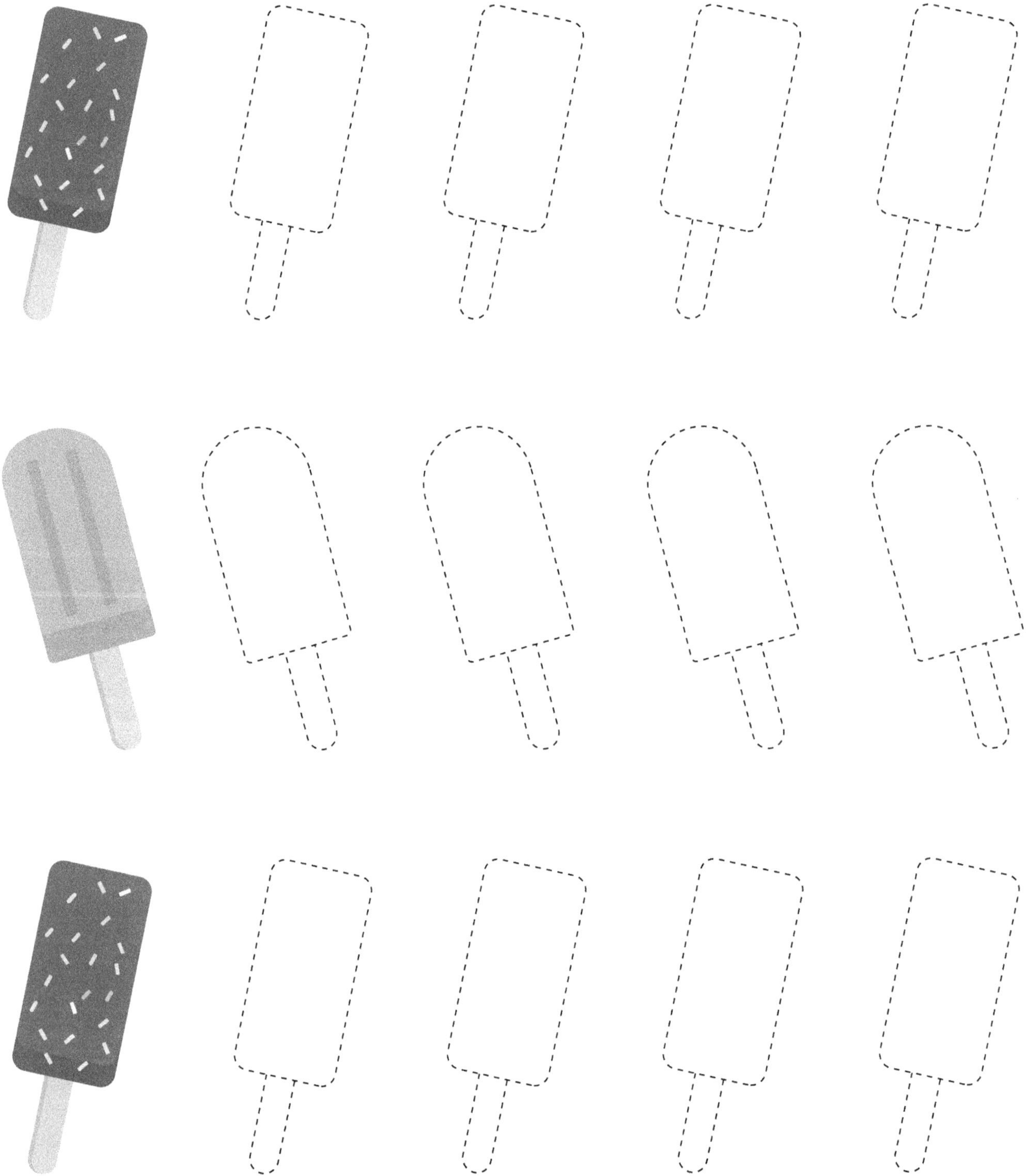

www.ingramcontent.com/pod-product-compliance
Lightning Source LLC
LaVergne TN
LVHW071450180726
843512LV00018B/1340